शब्दों की खेस
SHABDON KI KHES

छोटी छोटी बातें
CHOTI CHOTI BAATEIN

निखिल कपूर

NIKHIL KAPOOR

Copyright © Nikhil Kapoor 2023
All Rights Reserved.

ISBN 979-8-88959-643-1

This book has been published with all efforts taken to make the material error-free after the consent of the author. However, the author and the publisher do not assume and hereby disclaim any liability to any party for any loss, damage, or disruption caused by errors or omissions, whether such errors or omissions result from negligence, accident, or any other cause.

While every effort has been made to avoid any mistake or omission, this publication is being sold on the condition and understanding that neither the author nor the publishers or printers would be liable in any manner to any person by reason of any mistake or omission in this publication or for any action taken or omitted to be taken or advice rendered or accepted on the basis of this work. For any defect in printing or binding the publishers will be liable only to replace the defective copy by another copy of this work then available.

OM SAI RAM

प्रस्तावना

बहुत सोचा की कहां से शुरु करु, बहुत सोचा कि इस किताब के लिए किस तरह से लिखा जाए। अपने लेखन को किस तरह से सजाया जाए, कैसे कुछ निखिल कपूर के बारे में कहा जाए? इन सारे सवालो का मुझे एक ही जवाब मिला और शायद वही जवाब निखिल कपूर का परिचय भी है। वो जवाब था सादगी से, साफगोही से और पूरी इमानदारी से... बस कुछ ऐसे ही है निखिल कपूर भी... बिल्कुल सादे, बिल्कुल सरल और बिल्कुल साफ दिल की इनकी शक्सियत है...

लिखने - पढ़ने के बारे में मेरी हमेशा से एक राय थी... कि मुश्किल लिखना आसान है, लेकीन आसान लिखना बहुत ज्यादा मुश्किल, और कम शब्दो में बड़ी बात आसान भाषा में कहना तो और भी मुश्किल। लेकिन जाने कैसे निखिल जी इस मुश्किल काम को इतना आसानी से कर लेते है, जाने कैसे वो दिल की भावनाओं को इतनी सरलता के साथ कागज़ पर उतार लेते है। पहले तो दिल की बात पढ़ना ही मुश्किल होता, पढ़ भी लिया तो उसे समझना मुश्किल होता है, और ग़लती से अगर समझ भी लिया तो समझाना तो बहुत ही कठीन होता.. निखिल जी उसे समझाते भी है और वो भी इतनी आसानी से कि उसकी और क्या ही मिसाल दें।

नदी का पानी जितनी सरलता के साथ बहता है, उतना ही खूबसूरत एहसास देता है। बस ऐसे ही इस किताब का हर शब्द आपकी आंखो से बह जाएगा और आपके दिल में बहुत कुछ कह जाएगा... सूरज की किरणे जितनी सुगमता के साथ आपको मिल जाती है और आपको पता लगने दिए बिना आपका बहुत भला कर जाती है। कुछ ऐसे ही इस किताब के साथ वक्त कैसे गुज़रेगा आपको पता भी नहीं चलेगा, और आपके ज़हन को एक अनकहा सा सूकून दे जाएगा वो भी बिना आपको ज़्यादा कुछ जताए..

हफ्ते में 7 दिन अपना काम करते हुए, निखिल जी लेखन के लिए वक्त कैसे निकाल लेते है इस बात को सोचते हुए मै हमेशा अचंभित हो जाता हूं... इनसे मिलने से पहले सिर्फ सुना था कि उम्र सिर्फ एक नंबर है, जो दिल से जवान है, सिर्फ वो ही जवान है। निखिल जी इस कहावत को जीते है। जीवन के संघर्षों को हंसते हुए निकाला और जिन्दगी की चुनौतियां तो इनके लिए ऐसी रही जैसे किसी बच्चे के लिए उसके खिलौने... कुछ देर इनसे खेलेंगे और जिंदगी को खुल के जी लेंगे...

इस किताब में आपको नज़र आने वाली है निखिल कपूर की ज़िंदादिली, भावनाओं की वो गहराई जिसमें डूब के आपको अपनी बैचेन धडकनो के लिए एक सूफी रज़ाई मिलने वाली है, जो आपके तनाव के जाड़े को आपके पास भी नहीं आने देगी... तो अब समझिए कि इसके आगे शब्दो और भावनाओं का कुंभ है और आपको इस मेले में खो जाना है... खो जाइए...

मेरा नाम वरुण भंसाली है और कम्प्यूटर में अपनी पढ़ाई करने के बाद मैने मीडिया में अपनी पढ़ाई की और फिर पिछले 20 साल से मीडिया इंडस्ट्री में विभिन्न पदो पर काम किया और फिर अपना व्यवसाय भी इसी इंडस्ट्री में कर रहा हू... रेडियो, एनडीटीवी, ज़ी न्यूज़ और रिपब्लिक में लगभग 17 सालो तक काम करने के बाद मै अब दादासा के आशीर्वाद से मीशी मीडिया सोल्यूशन्स के नाम से अपना व्यवसाय कर रहा हू और इसके ज़रिए 35 से भी ज़्यादा देशो की कंपनियो के लिए वी़डियो मार्केटिंग का काम किया करते है।

"खुशफहमियों से गलतफहमियां ही
बेहतर हैं मेरे दोस्त,
कम से कम दुबारा मिलने की उम्मीद
तो बनी रहती है।"

*"Khushfehmiyon se to galatfehmiyaan hi behtar
hain mere dost,
Kum se kum dubaara milne ki ummeed to bani
rehti hai"*

"बातों से बुनी खेस से खुद को गरमाया नहीं करते,
रातों को जाग के गलतफहमियों के झींगुरों को
सुना है कभी।"

———— ◆ ————

*"Baton se buni khes se khud ko
garmaaya nahin karte,
Raaton ko jaag ke galatfehmiyon ke
zinguroon ko suna hai kabhi"*

"बात आईने सी होती तो पूछ भी लेते,
वो तो फिक्रमंद थी गलियां जो रिश्ते
भटकने से बच गए।"

"Baat aaine si hoti to pooch bhi lete,
Wo to fiqrmand thi galiyaan jo rishtey
bhatakney se bach gaye"

"इतेफाक से बारिशों की वो कश्तियाँ बनाना याद था,
वरना कुछ खत थे तुम्हारे जो बहाये न गए होते।"

◆◆◆

"Itefaq se bearish ki wo kastiyaan banana yaad tha,
Warna kuch khat the tumhaare jo bahaaye na
gaye hote"

"सामने और पीठ पे कितने अजनबी होते हैं लोग,
बिखर जाते कितने रिश्ते अगर पीठ पर आंखें
हुआ करतीं।"

"Saamne aur peeth pe kitne ajnabi hote hain log,
Bikhar jaate kitne rishtey agar peeth par
aankhen hua kartin"

"कुछ तस्वीरें बरसों से दीवार से हटाई नहीं गयीं,
रिश्ते भी बस आते जाते रहे चौखटें लाँघते हुए।"

"Kuch tasveerein barson se dewaar se
hatai nahin gayin,
Rishtey bhi aate jaate rahe chaukatein
laanghate hue"

"कहते हैं बातों और लफ़्ज़ों में एक जंग छिड़ गई थी,
खून के निशाँ थे जहां जहां , तानों की बेल उग गई।"

———◆———

"Kehte hain baton aur lafzon mein ek
jang chid gait thi,
Khoon ke nishaan hain jahaan jahaan,
tanon ki bel ug aai hai"

"बातों बातों में कुछ बातें बिखर गईं हैं,
दोस्ती की जेब में ये सुराख कब से हो गए हैं।"

"Baton baton mein kuch baatein bikhar gai hain,
Dosti ki jeb mein ye suraakh kab se ho gaye hain"

"अभी अभी मेरी गली से गुजरा है कोई,
लोग कहते हैं मेरे जेहन की दीवार पे तारीखें
बदली ही नहीं।"

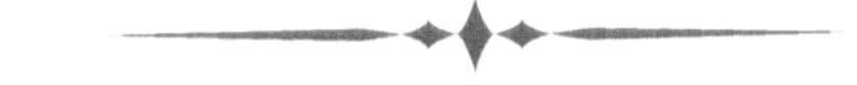

"Abhi abhi meri gali se gujra hai koi,
Log kehte hain mere zehan ki diwaar par tareekein
badli hi nahin"

"सुना है इल्म ने, जुबान पे बंदिशें लिख दीं हैं,
वरना यारीयों में कहाँ तेरा मेरा हुआ करता था।"

"Suna hai ilm ne jubaan pe bandishein
likh din hain,
Warna yaariyon mein kahaan tera mera
hua karta tha."

"बेहद उदास थे मगर मुस्कुरा रहे थे,
वो लोग मेरे जनाजे में मुझे याद करते जा रहे थे।"

"Behad udaas they magar muskura rahe the,
Wo log mere janaaze mein mujhe yaad karte jaa
rahe they"

"उम्मीदें इतनी तो नहीं थीं की हादसे हो गए,
शायद उम्मीद की डोरियों को मांझे की
आदत लग गई।"

"Umeedein itni to nahin thin ki haadse ho gaye,
Shaayad umeed ki dooriyon ko
maanjhe ki aadat lag gai"

"आदतें फिर लौट आयी हैं किसी से झगड़ कर,
यूँ ही नहीं तकिये पर हर रात यादों के
निशान मिलते हैं।"

"Aadatein fir laut aai hain kisi se jhagad kar,
Yun hi nahin takiye par har raat yaadon ke nishaan
milte hain"

"फासलों के दरमियाँ कुछ दोस्तियाँ धंस सी गई हैं,
कहते है बातों के पत्थरों पर फिसलन बहुत है।"

"Faaslon ke beech kuch dostiyaan dhans si gai hain,
Kehte hain baton ke patharon par fislan bahut hai"

"आती जाती साँसों ने कभी किसी की
हथेली थामी ही नहीं।
यूँ ही नहीं यादें यहां वहां बिखरी मिलती हैं।"

———◆———

"Aati jaati saanson ne kabhi kisi ki
hatheli thaami hi nahin
Yun hi nahin yaadein yahaan wahaan
bikhri milti hain"

"वक़्त ने एक शतरंज बिछाई, रिश्तों ने कुछ चाल चलीं।
मरे हुए कुछ प्यादे हैं , जिन्हें याद कहते हैं।"

<hr>

"Waqt ne ek shatranj bichai, rishton ne
kuch chaal chalin,
Mare hue kuch pyaade hain, jinhe yaad kehte hain"

"पढ़ के फाड़ दी हैं कुछ किताबें किसी ने,
कुछ बुकमार्क आज भी अलमारी में पड़े,
सांस लेने को कुछ लम्हे खोजते हैं।"

"Padh ke faad din hain kuch kitaabein kisi ne,
Kuch book mark aaj bhi almaari mein pade,
Saans lene ko kuch lamhe khojte hain"

"हादसे कुछ इस तरह मिलते हैं हमसे आजकल,
बचपन के दोस्त टकराते हैं किसी की मय्यत में जैसे।"

◆◆◆

"Haadse kuch is tarah milte hain humse aajkal,

Bachpan ke dost takrate hain kisi ki

mayaat mein jaise"

"लिपटता है वो मुझसे कुछ इस तरह,
असमंजस में,
निकाल फैंकी फांस की चुभन,
बाकी हो जैसे।"

"Lipattaa hai wo mujhse kuch is tarah,
Asmanjas mein,
Nikaal fainki faans ki chubhan,
Baaki ho jaise"

"अबके जो बरसा तो बंजर हो जाऊंगा,
मैं,
कुछ बातों को यूं ही नहीं भीतर समेटे,
आवारा बादलों सा डोलता हूँ,
मैं।"

"Abke jo barsa to banjar ho jaunga,
main,
kuch baton ko yun hi nahin bheetar samete,
aawara baadalon sa dolta hun,
main"

"चढ़ तो आये कामयाबी की सीढ़ियां
हम,
कुछ रिश्ते पीछे छूट गए,
कुछ दूर होते गए।"

———◆◆———

"Chadh to aaye kaamyaabi ki seediyaan,

Hum,

Kuch rishtey peechey choot gaye,

Kuch door hote gaye"

"चौखट पे खड़े तुम........
असमंजस में ठिठका मैं.......
तुम मेरे पास आ रहे हो.....
या मुझसे दूर जा रहे हो....."

<hr>

"Chaukhat pe khade tum
Asmanjas mein titka main
Tum mere pass aa rahe ho
Ya mujhse door jaa rahe ho"

"सोचता था.........
तेरे साथ उम्र बिता दूँगा ......
मगर.......
दिल और दिमाग़ ने मिल कर.......
कब कहाँ कोई फसल काटी है........"

❖

"Sochta tha ....
Tere saath umr bita doonga ....
Magar ....
Dil aur dimaag ne milkar ....
Kab koi fasal kaati hai ...."

"कोई लम्हा किसी लम्हे से अब जुड़ता नहीं,
मन भी टूटी हुई निबों से अब,
कोई हादसा लिखता नहीं।
सुखाई थी पिछली बारिशों,
जो दोस्ती की किताब।
इन बारिशों किसी भी नाव में,
उस दास्तां का कोई पन्ना मिलता नहीं।"

"Koi lamha kisi lamhe se ab judta nahin,
Man bhi tuti hui nibon se ab,
Koi haadsa likhta nahin.
Sukhaai thi pichli baarishon
Jo dosti ki kitaab,
In baarishon kisi bhi naav mein,
Us dastaan ka koi panna milta nahin"

"नाचती रही बातें, गई रात
सपनों की हथेली थाम के,
जाने क्यों दिन में,
इनकी जुबाँ चलती रहती है।"

* * *

"Naachti rahi baatein, gai raat
Sapnon ki hatheli thaam ke,
Jaane kyun din mein,
Inki zubaan chalti rehti hai."

"एक फांस सी धंसी है
सांस में,
निकलती ही नहीं,
ये सांसे भी,
जाने कहाँ कहाँ से
क्या क्या बटोर लाती हैं।"

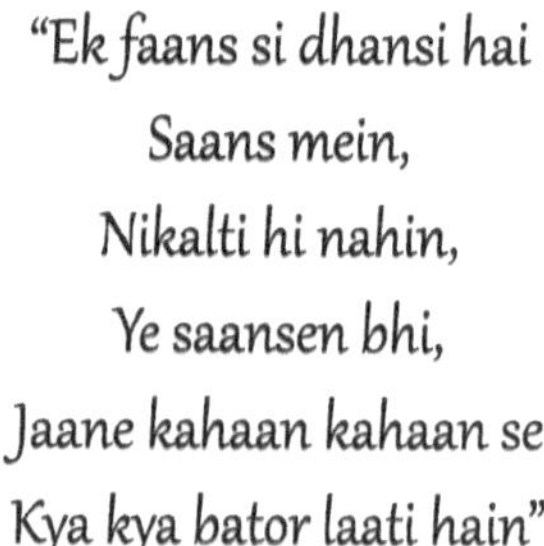

"Ek faans si dhansi hai
Saans mein,
Nikalti hi nahin,
Ye saansen bhi,
Jaane kahaan kahaan se
Kya kya bator laati hain"

"उंगली पर तोहमतें लिए,
खुद को चाँद समझे बैठा है आदमी,
सच यो ये है,
अपनी ही कहानियों में फंसा,
ऊन के गोले सा उलझा बैठा है आदमी।"

"Ungali pe tohmate liye,
Khud ko chaand samjhe baitha hai aadmi,
Sach to ye hai,
Apni hi kahaaniyon mein fansa,
Un ke gole sa uljha baitha hai aadmi"

"अपने अंदर कितने चेहरे छिपाये बैठा है आदमी,
मुखौटे लगाए अपने चेहरे पर बस मुखौटों से मिलता
जुलता है आदमी।"

"Apne andar kitne chehre chipaaye
baitha hai aadmi,
Mukhaute lagaaye apne chehre par bas mukhauton
se milta julta hai aadmi"

"आगे तू पीछे भी तू है।
ऊपर तू नीचे भी तू ही है।
बाहर तू भीतर भी तू है।
खोज रहा हूँ जाने कब से "मैं" को,
मुझ में "मैं" है ही कहाँ
"मैं" तो बस तू ही तू है।"

<hr>

"Aage tu, peeche bhi tu hai,
Upar tu, neeche bhi tu hi hai,
Baahar tu, bheetar bhi tu hai,
Khoj raha hun jaane kab se "main" ko,
Mujh mein "main" hai hi kahaan
"Main" to bas tu hi tu hai"

"जल-जल जल निर्जल भया, निर्मल हुआ न मन।
द्वेष अग्नि सुलग - सुलग फिर भी हुई न शीतल।"

◆◆◆

"Jal jal jal nirjal bhaya, nirmal hua na man,
Dwesh again sulagh-sulagh fir bhi hui na sheetal"

"एक घर है यादों की ईंटों से बना,
जिसकी चौखट पर जिंदगी है लिखा।
लम्हों के कई कमरे हैं,
जिसमे किस्सों का कांच है फैला हुआ"

———◆◆◆———

"Ek ghar hai yaadon ki inton ka bana,
Jiski chaukhat par jindagi hai likha,
Lamhon ke kai kamre hain,
Jisme kisson ka kaanch hai faila hua"

"दर्द की क्यों कोई नुमाइश लगा दी जाए,
चलो इस बारिश में इसकी नाव बना दी जाए।"

"Dard ki kyun koi numaaish laga di jaaye,
Chalo is baarish mein iski naav bana di jaaye"

"ठंडे हुए दूध से तो जमी हुई परतें उतार लेते हैं,
गुजरी हुई नाराजगी की जाने क्यों फिर
बातें संभाल लेते हैं।"

"Thande hue doodh se jami hui parten
utaar lete hain,
Guzri hui naarazgi ki jaane kyu fir baatein
sambhaal lete hain"

"कलम और श्याही में,
एक जंग सी छिड़ी है इन दिनों,
दिल की बातें
जुबाँ तक आती ही नहीं।"

◆◆◆

"Kalam aur shyaahi mein,
Ek jang si chidi hai in dinon,
Dil ki baatein,
Zubaan tak aati hi nahin"

"कुछ बातों को बातों से,
जाने बैर क्यों होता है।
कुछ कह कर भेजी जाती हैं
लहज़ा कुछ और ही कह देता है।"

◆◆◆

"Kuch baton ko baton se
Jaane bair kyun hota hai
Kuch keh kar bheji jaati hain
Lehza kuch aur hi keh deta hai"

"मेरी बातों को दिल पे मत लेना यारों,
एक बुलबुला हूँ, जाने कब फूट जाऊंगा।"

"Meri baaton ko dil par mat lena yaaron,
Ek bulbula hun, jaane kab foot jaaunga"

"चाँद की तस्तरी पर एक दाग सा है,
वक़्त से भी यादों की जूठन शायद उठाई नहीं गई।"

◆◆◆

"Chand ki tastari par ek daag sa hai,
Waqt se bhi yaadon ki joothan
shaayad uthai nahin gai"

"सदियों से जिस जिस्म से लिपट के जीती रही,
अपने बदन पे एक दाग क्या देखा ...
दुनिया से कुछ यूं कहा ...
ये तो चांदनी ही मैली है।"

---◆◆◆---

"Sadiyon se jis jism se lipat ke jeeti rahi,
Apne badan pe ek daag kya dekha...
Duniya se kuch yun kha...
Ye to chandani hi maili hai"

"सपने बहुत से उधार लाई है,
जिंदगी शायद फिर आज दिन हार आई है।"

◆◆◆

"Sapne bahut se udhaar lai hai,
Jindagi shaayad fir aaj din haar aai hai"

"लिख कर मिटार देना, ये ही काफी नहीं होता,
कुछ निशान रह जाते हैं कागजों के सीने पे भी"

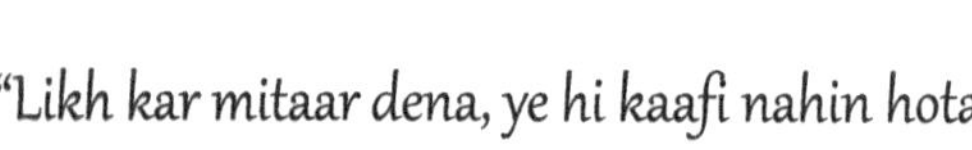

"Likh kar mitaar dena, ye hi kaafi nahin hota,
Kuch nishaan reh jaate hain kaagazon
ke seene pe bhi"

"आदतन तुम पूछ लेना, आदतन मैं बता भी दूंगा,
ये आदतें ही हैं कि हम साथ जिये जाते हैं।"

———◆◆◆———

"Aadatan tum pooch lena, aadatan
main bata bhi doonga,
Ye aadat hi hai ki hum saath jiye jaate hain"

"मैं किताबें जी तो लूं, लेकिन
उम्र के साथ किरदार बदलते हैं।"

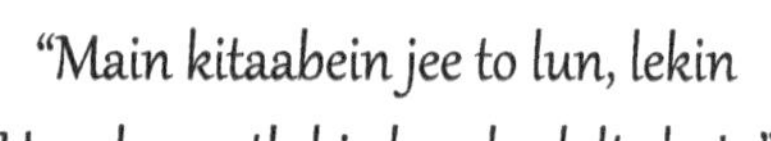

"Main kitaabein jee to lun, lekin
Umr ke saath kirdaar badalte hain"

"कैलेंडर और तारीख का रिश्ता,
सांस का आना चले जाना,
जिंदगी का पन्ना पन्ना गुजरते रहना।"

"Calender aur taareekh ka rishta,
Saans ka aana chale jaana,
Jindagi ka panna panna gujarte rehna"

"आ जिंदगी,
तेरे साथ भी एक कश फूंक लेते है,
कागज़ में लिपटा बस एक नशा है तू
आ तुझे,
राख कर देते हैं।"

◆◆◆

"Aa jindagi
Tere saath bhi ek kash foonk lete hain,
Kaagazmein lipta bas ek nasha hai tu,
Aa tujhe,
Raakh kar dete hain"

"लाज़मी है गुनाह कर के मुकर जाना,
आईने में हर चीज़ कहाँ पाक दिखाई देती है।"

*"Laazmi hai gunaah kar ke mukar jaana,
Aaine mein har cheez kahaan paak dikhai deti hai"*

"मैं लौट आऊंगा, बस इतनी सी सज़ा दे दो।
ये जो बची हुई है दर्द की आग, इसे फिर से सुलघने की
वजह दे दो।"

*"Main laut aaunga, bas itni si saza de do,
Ye jo bachi hui hai dard ki aag, ise fir se sulaghane
ki wajah dedo"*

"इक उम्र गुजार दी, किसी के कदमों के
निशाँ खोजते खोजते,
नादां थे हम आईने में कभी खोजा ही नहीं।"

*"Ek umr gujaar di, kisi ke kadmon ke nishaan
kojhte khojte,
Naadan the hum aaine mein kabhi khoja hi nahin"*

"सुनो,
हर किसी को देख
यूं मुस्कुराया नहीं करते।
हर खुशनुमा दर्द से
रिश्ता बनाया नहीं करते।"

◆◆◆

"Suno,
Har kisi ko dekh
Yun muskuraya nahin karte.
Har kushnuma dard se
Rishta banaya nahin karte"

"बात होंटों पर आते ही
जाने कैसे पिघल जाती है,
सुनो
कुछ देर को नफरतों की सिगरेट
बुझा दो ना।"

◆◆◆

"Baatein honton par aate hi
Jaane kaise pighal jaati hain,
Suno kuch der ko nafraton ki cigarette
Bujha do na"

"एक बात के पांव में
रिवाजों का एक कांटा
धंसा है
सुनो
एक बार उस बात के
जिस्म को जी तो लो।"

◆◆◆

"Ek baat ke paanv mein
Riwaazon ka ek kaanta
Dhansa hai,
Ek baar us baat ke
Jism ko jee to lo."

"कागज़, कलम, दवात
तुम, मैं और खवाब,
चलो इस उम्र
जिस्मों से एक कहानी लिखते हैं।"

———— ◆◆ ————

"Kaagaz, kalam, dawaat
Tum, maim aur khwaab,
Chalo is umr
Jism se ek kahaani likhte hain."

"हर बार
नाम से पुकारते हो मुझे
सुनो
बस एक बार मुझे बिना किसी
नाम के पुकारो तो।"

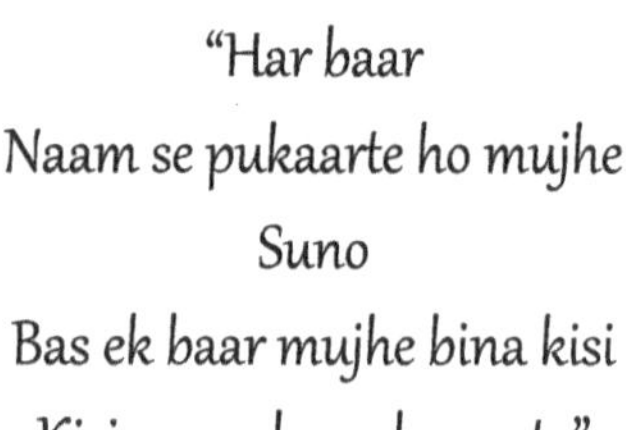

"Har baar
Naam se pukaarte ho mujhe
Suno
Bas ek baar mujhe bina kisi
Kisi naam ke pukaaro to"

"जाते समय मुझे जरा बता देना।
दरवाज़े पे अंदर से लगी सलांख/कुंडी ही बेहतर है।"

◆◆◆

"Jaate samay mujhe jara bata dena,
Darwaaze pe andar se lagi salaankh / kundi hi
behtar hai."

"लौटना मत, वक़्त को जहमत होगी,
वक़्त के पलटने से घड़ियां ठहर जाती हैं।"

"Lautna mat, waqt ko jehmat hogi,
Waqt ke palatne se ghadiyaan teher jaati hain"

"मेरे ताबूत में एक कील अपनी नफरत की ठोंक देना,
गुजरने से पहले चलो मैं भी कुछ दफ़नाता हूँ।"

<hr>

"mere taboot mein ek keel apni
nafrat ki thonk dena,
Gujarne se pehle chalo main bhi
kuch dafnata hun."

"चूड़ियों और तकिये को रात की आदत है,
जरा करवट लेना मैं अभी जागी हूँ।"

"Chudiyon aur takiye ko raat ki aadat hai,
Jara karwat lena main abhi jaagi hun"

"उड़ती हुई चिड़िया से हिलती हुई टहनी ने पूछा,
छोड़ के जाते हो देखो हमे उड़ना नहीं आता।"

*"Udti hui chidiya se hilti hui tehni ne poocha,
Chod ke jaate ho, dekho humen udna nahin aata"*

"सुनो अपने नाखूनों को रंगा न करो,
मुस्कुराहटों को आंखों से बहने की आदत है।"

"Suno apne naakhoonaun ko ranga na karo,
Muskuraahaton ko aankhon se behne ki aadat hai."

"लिख के खत फाड़ा नहीं करते,
कुछ पते आज भी लिफाफों के
इंतेज़ार में बैठे हैं।"

◆◆◆

"Likh ke khat faada nahin karte,
Kuch pate aaaj bhi lifaafon ke
Intezaar mein baithe hain"

"मौसमों की तरह आते हो बीत जाते हो,
निशानों की तरह देह पत्थर हो जाती है।"

"Mausamon ki tarah aate ho beet jaate ho,
Nishaanon ki tarah deh patthar ho jaati hai"

"चलो कैलेंडर से एक महीना फाड़ देते हैं,
तुम आफिस टूटे हुए बटन की शर्ट पहन जाना,
इससे पहले की दिन आदत बनें,
तुम टेबल पर रखी डायरी में तारीख बदल जाना।"

* ◆ *

"Chalo calendar se ek mahina faad dete hain,
Tum office tute hue button ki shirt pehan jaana,
Isse pehle ki din aadat banein,
Tum table par rakhi daayari mein
taarikh badal jaana"

"ख़ता थी पलकों की, मुंदी ही नहीं,
खुदा की महफ़िल में भी तेरी याद चली आई है।"

"Khata thi palkon ki, mundi hi nahin,
Kuda ki mehfil mein bhi teri yaad chali aai hai"

"मिलना कभी चौराहे पे अजनबी की तरह,
वक्त से जमाने की चौपाल नहीं सजी।"

"Milna kabhi chaurahe pe ajnabi ki tarah,
Waqt se zamaane ki chaupal nahin sazi"

"अभी अभी दर्द ने दस्तक दी है,
दरवाज़े की सलांख से कुछ जंक झड़ी है।
अभी अभी तो नम था मौसम,
ये किसने दीवार पे आदतें सुखा दी हैं।"

"Abhi abhi dard ne dastak di hai,
Darwaaze ki salaankh se kuch junk jhadi hai,
Abhi abhi to num tha mausam,
Ye kisne diwaar pe aadatein sukha di hain"

"मुझे अपनी देह के अंदर घुटन
सी होती है,
सुनो,
कभी बैठ के मेरी रूह से भी बातें किया करो।"

"Mujhe apni deh ke andar ghutan
si hoti hai,
Suno,
Kabhi baith ke meri rooh se bhi baatein kiya karo"

"पूछा था किसी ने हमसे कभी
मोहब्बत क्या है,
इंतेज़ार में हमारे साथ जो इतनी दूर तलक आ गए है,
जरा वो भी तो बताएं ये सफर क्या है।"

"Pucha tha kisi ne humse kabhi
Mohhabbat kya hai,
Intezar mein humare saath jo itni door talak aa
gaye hain,
Jara wo bhi to bataayein ye safar kya hai."

"त्यौहार है किसी का गुजर जाना भी,
रिवाजों को तो बस लाशें ढोने की आदत है।"

*"Tyohaar hai kisi ka guzar jaana bhi,
Riwaazon ko to bas laashein dhone ki aadat hai"*

"पहचान वालों से कभी घर का रास्ता नहीं पूछते,
अपने घर की दीवार में एक सरकी हुई ईंट
ही काफी है।"

"Pehchaan waalon se kabhi ghar ka rasta nahin
poochte,
Apne ghar ki dewaar mein ek sarki
hui eent hi kaafi hai"

"तुम पूछ लेना, जवाब नहीं दूंगा,
उम्मीदों को सुलग के धुआं होने की आदत है।"

"Tum pooch lena, jawaab nahin doonga,
Umeedon ko sulagh ke dhuaan hone ki aadat hai."

"लिखे जाने से पहले ही
बहक जाते हैं कुछ खत,
लफ़्ज़ों को धड़कने की आदत नहीं होती।"

"Likhe jaane se pehle hi,
Behak jaate hain kuch khat,
Lafzon ko dhadakne ki aadat nahin hoti."

"लौट के आया है ये लम्हा
कुछ कुछ पहचाना सा लगता है,
ड्योढ़ी पर ठहरा दर्द
वही पुराना सा लगता है।"

◆—◆◆—◆

"Laut ke aaya hai ye lamha
Kuch kuch pehchaana sa lagta hai,
Dyodhi par tehra dard
Wahi puraana sa lagta hai"

"वक़्त की जड़ें फैल गई हैं
जेहन में कहीं भीतर तक,
सूखा देते हैं चलो किताबों में,
यादों के कुछ फूल जो खिले हैं।"

◆◇◆

"Waqt ki jadein fail gayi hain
Zehan mein kahin bheetar tak,
Sukha dete hain chalo kitaabon mein,
Yaadon ke kuch fool jo khile hain."

"इससे पहले की पत्थरों की ईंट बने
और चुनवा दी जाए एक दीवार उनसे,
कुछ बातों को लपेट कर फेंक देते हैं
बहके हुए मिसरे को लपेट के कागज़ में
कई बार दफनाया है जैसे।"

"Isse pehle ki pattharon ki eent bane
Aur chunva di jaaye ek deewar unse,
Kuch baaton ko lappet kar faink dete hain
Behke hue misre ko lappet ke kaagaz mein
Kai baar dafnaaya hai jaise"

"जाने कब ज़िंदगी से
एक लम्हा चुराया और
क़मीज़ की जेब में डाल लिया,
एक उम्र तक वो लम्हा
दिल के साथ धड़कता रहा,
आज क़लम ने देखो
उस लम्हे को
"याद"
बना दिया है"

◆◆

"Jaane kab zindagi se
Ek lamha churaaya aur
Kameez ki jeb mein daal liya
Ek umr tak wo lamha
Dil ke saath dhadakta raha,
Aaj kalam ne dekho
Us lamhe ko
'yaad'
Bana diya hai"

"सम्बोधन के हाशिये में...
तुम्हे कैसे संबोधित करूँ...
पूर्णता को...
एक नाम दे के कैसे...
अपूर्ण करूँ..."

◆◆◆

"Sambodhan ke haasiye mein...
Tumhe kaise sambodith karun...
Poornta ko...
Ek naam de kar kaise...
Apoorn karun..."

"बदन, मत पलटना,
मन अब सो गया है।
तेरी शुष्क पीठ पर रात भर
जागती पलकों ने जो लिखा,
वक़्त की नमी में सब खो गया है,
बदन, मत पलटना,
मन अब सो गया है।"

◆◆

"Badan, mat palatna,
Man ab so gaya hai,
Teri sushkh peeth par raat bhar
Jaagti palkon ne jo likha,
Waqt ki nami mein sab kho gaya hai,
Badan, mat palatna
Man ab so gaya hai"

"मेरी जिंदगी की किताब के कुछ
शब्द बह गए हैं कहीं।
हर दिन के पन्ने की नाव बना जिंदगी खोजती है उन्हें।"

◆◆◆

"*Meri jindagi ki kitaab ke kuch shabd
beh gaye hain kahin,
Har din ke panne ki naav bana jindagi
khojti hai unhe*"

"चाट जाती है... की इतने प्यार से जीती है मुझे...
जिंदगी तू "दीमक" ही सही...
कम से कम जी तो लेती है मुझे...।"

"Chaat jaati hai... ki itne pyaar se jeeti hai mujhe...
Zindagi tu deemak hi sahi...
Kam se kam jee to leti hai mujhe...।"

"बहुत दिनों से सुना है रात हुई ही नहीं,
सुना है दिन के सपने रात को निगल गए हैं।"

"Bahut dino se suna hai raat hui hi nahin,
Suna hai din ke sapne raat ko nigal gaye hain."

"मत पलटना अपनी जिंदगी में कदम बढ़ाने के बाद,
दलदल है मेरी दोस्ती कहीं तुम्हे खींच ना ले।"

◆◆◆

"Mat palatna apni jindagi mein
kadam badhaane ke baad,
Daldal hai meri dosti kahin tumhe kheench na le"

"फिसल जाती हैं अक्सर आजकल,
मेरी हथेली से हथेलियां।
सुना है दोस्तियों को पांव मिल गए हैं।"

"Fisal jaati hain aksar aaj kal,
Meri hatheli se hatheliyaan.
Suna hai dostiyon ko paanv mil gaye hain"

"चलना सीखने से पहले ही,
मेरे पांव के तलुवे में किसी ने एक कहानी लिख दी थी"

———◆———

*"Chalna seekhne se pehle hi
Mere paanv ke talwe mein kisi ne ek kahaani
likh di thi"*

"मेरी रुकसत की दुआ भी नहीं मांगते
मेरे साथ के लोग,
उनके खंजरों को एक पीठ चाहिए
समय गुजारने को।"

"Meri rukhsat ki dua bhi nahin maangte,
Mere saath ke log,
Unke khanzaron ko ek peeth chaahiye
Samay gujaarne ko."

"जली हुई रात के कुछ फुके हुए कश
कोख की जमीं पर खिंचे कुछ निशाँ
या खुदा लोगों ने इसे
यहां
मोहब्बत का नाम दिया है"

◆◆◆

"Jali hui raat ke kuch funke hue kash
Kokh ki zamin par khinche kuch nishaan
Ya khuda logon ne isse
Yahaan
Mohabbat ka naam diya hai"

"कुछ फिसला हुआ वक़्त
कशीदे के कुछ तारों सा
साथ याद रहे तो एक याद
अकेला हो तो बस एक लम्हा रंगीन तार।"

———◆◆———

"kuch fisla hua waqt
Kashide ke kuch taaron sa
Saath yaad rahe to ek yaad
Akela ho to bas ek lamha rangeen taar"

"चाँद की तशतरी पर
जूठन का एक निशाँ हैं
कहीं किसी माँ ने
रिश्तों की कालिख से
अपनी बे ब्याही कोख की बालाएं ली हैं।"

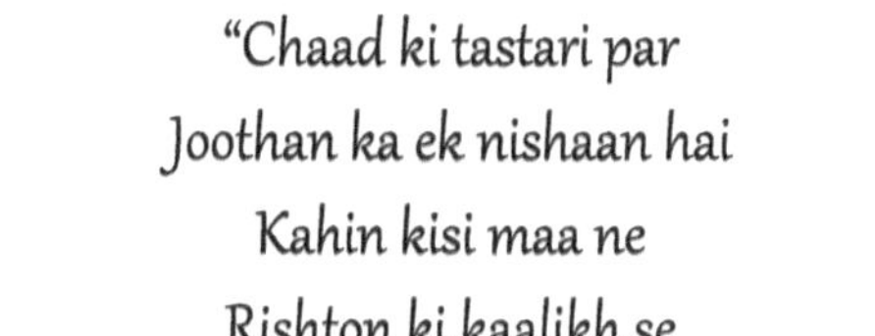

"Chaad ki tastari par
Joothan ka ek nishaan hai
Kahin kisi maa ne
Rishton ki kaalikh se
Apni be byaahi kokh ki balaayein li hain,"

"आदतन "मौत" एक कहानी लिखने बैठी...
बिखरने लगे जब पन्ने सारे...
हसरत की जिल्द में बाँध उनको...
"बेखयाली" में नाम की जगह "जिंदगी" लिख बैठी..."

"Aadatan 'maut' ek kahaani likhne baithi...
Bikharne lage jab panne saare...
Hasrat ki jild mein bandh unko...
'bekhayaali' mein naam ki jagah
'jindagi' likh baithi..."

"परिंदों के पंख क्यूँ कतरने है...
खतों पे पते क्यूँ लिखने हैं...
सब फ़िज़ूल की बाते हैं...
ख्वाब यहीं जनने हैं...
लफ्ज़ यहीं मरने हैं..."

◆

"Parindon ke pankh kyun katarne hain,
Khaton par pate kyun likhne hain...
Sab fizool ki batein hain...
Khawaab yahin janne hain,
Lafz yahin marne hain..."

"क्या खोया क्या पाया मैंने,
व्यर्थ का लेखा जोखा,
जो हुआ वो कर्म थे मेरे,
व्यर्थ भाग्य को कोसा,
अनर्थ किए हर एक अर्थ के,
अंतर्मन को दिया स्वयं ही धोख़ा"

◆◆◆

"Kya khoya kya paaya maine,
Vyarth ka lekha jokha
Jo hua wo karm the mere
Vyarth bhagya ko kosa,
Anarth kiye har ek arth ke
Antarman ko diya swam hi dhokha."

"कल बहुत देर तक
अपने प्रतिबिम्ब से उलझने के बाद
मैंने उसे तोड़ दिया
कौन कहता है
परछाइयों की किर्चें पाँव में नहीं
धंसती हैं।"

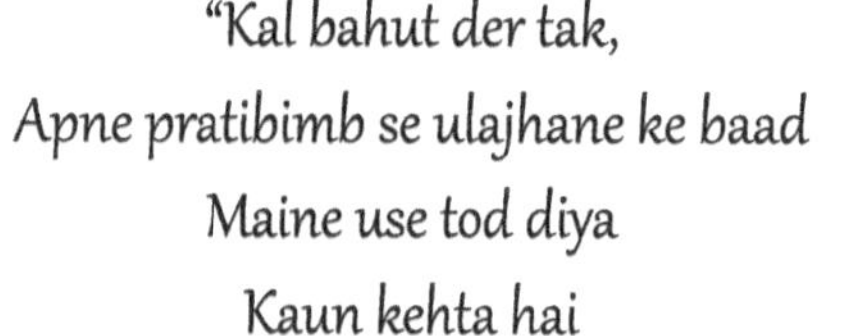

"Kal bahut der tak,
Apne pratibimb se ulajhane ke baad
Maine use tod diya
Kaun kehta hai
Parchaiyon ki kirchen paanv mein nahin
Dhansti hain"

"जिंदगी तेरी किताब ने,
मुझे महज एक कहानी बना दिया,
हर रात "क्रमशः" लिखा,
हर सुबह आगे पढ़ने को जगा दिया।"

◆◆◆

"Jindagi teri kitaab ne,
Mujhe mehaz ek kahaani bana diya,
Har raat "kramsh" likha,
Har subah aage padhne ko jaga diya"

"छुपा लेता हूं "खुद" को "खुद ही" में मैं,
आइने में "खुद" को देख कर,
गलत कहती थी मां...
सच्चाईयां पाक हुआ करती हैं।"

◆◆◆

"Chupa leta hun "khud" ko "khud hi" mein main,
Aaine mein "khud" ko dekh kar,
Galat kehti thi maa...
Sachchaiyaan paak hua kartii hain."

"दर्द की कील पे...
एक मुस्कुराती हुई तस्वीर लगा दी है अपनी...
मुस्कुरा रहा हूँ मैं...
मुस्कुराना भूल के"

"Dard ki keel pe...
Ek muskuraati hui tasveer laga di hai apni...
Muskura raha hun main...
Muskuraana bhool ke"

"खींची" हुई मुस्कुराहट...
जैसे बिना लिखी कहानी...
ना शुरुआत की कोई वजह...
ना अंत किसी की जुबानी..."

◆◆◆

"kheenchi hui muskuraahat...
Jaise bina likhi kahaani...
Na shuruwaat ki koi wajah...
Na ant kisi ki zubaani..."

"सिरहाने रखी कुछ किताबें...
"बेहद अज़ीज़ होती हैं मगर"...
पढ़ी नहीं जाती...
ख़त्म कर के कहानी कोई...
अलमारियों में रखी नहीं जातीं..."

◆◆◆

"Sirhaane rakhi kuch kitaabein...
"behad azeez hoti hain magar" ...
Padhi nahin jaati...
Khatm karke kahaani koi...
Almaariyon mein rakhi nahin jaati..."

"लौटा तो था तुझे ले जाने के लिए...
लेकिन "एक बात" की फाँस निकालने में देर हो गयी...
ना कुछ तेरी ख़ाता...
ना कुछ किया मैने...
बस "कहने" और "सुनने" की दोस्ती में शायद एक
लकीर रह गयी..."

"Lauta to tha tujhe le jane ke liye...
Lekin "ek baat" ki faans nikaalne
mein dher ho gayi...
Na teri kuch khata...
Na kuch kiya maine...
Bas "kehne" aur "sunane" ki dosti mein shaayad ek
lakeer reh gayi..."

"जिंदगी तेरी किताबों के पन्ने महफ़ूज़ रहे...
लफ्ज़ धुंधले पड़ गये...
मगर हम पढ़ने को मजबूर रहे...
जिस जिस पन्ने को मोड़ के रखा हमने...
वापस खोल के देखा आज...
वही पन्ने चूर चूर रहे..."

◆

"Zindagi teri kitaab ke panne mehfooz rahe...
Lafz dhundhale pad gaye...
Magar hum padhne ko mazboor rahe...
Jis jis panne ko mod ke rakha humne...
Wapus khol ke dekha aaj...
Whi panne choor choor rahe..."

"वक़्त के तकिये पे
तेरे और मेरे कुछ उलझे बालों के लम्हे पड़े हैं
देखो
इन्हें बुहार न देना
जिंदगी के पाँव में चुभी फांसें
कुछ और शिकायतों का सिलसिला
शुरू कर देंगी।"

◆

"Waqt ke takiye pe
Tere aur mere kuch ulzhe baalon ke lamhe pade
hain,
Dekho
Inhe buhaar na dena
Zindagi ke paanv mein chubhi faansein
Kuch aur shikayaton ka silsila
Shuru kar dengi"

"साँसे भी कुछ यूँ ही ठहर जाएँगी,
एक दिन,
रिश्तों में कोई बात ठहर गयी हो जैसे।"

"Saansein bhi kuch yun hi tehar jaayeingi
Ek din,
Riston mein koi baat tehar gai ho jaise"

"सदियों से सुना है,
वो शख़्स मुस्कुराया ही नहीं,
सुना है,
उसकी आँख में वक़्त की एक
फाँस धंसी है,"

◆◆◆

"Sadiyon se suna hai,
Wo saksh muskuraaya hi nahin,
Suna hai,
Uski aankh mein waqt ki ek
Faans dhansi hai."

"मुड़े हुए पन्नों पर...
कहानियाँ ख़त्म नहीं होतीं...
बस कुछ लम्हे होते हैं...
जो...
थक कर लकीर बन जाते हैं"

"Mude hue pannon par...
Kahaaniyaan khatm nahin hoti...
Bas kuch lamhe hote hain...
Jo...
Thak kar lakeer ban jate hain"

"आज फिर कुछ आवाज़ों ने हाथ बढ़ाया था
तुम्हें छूने को,
तेरी आँखो की बेरुख़ी में
सुना है
कुछ लम्हे जम गए।"

◆◆

"Aaj fir kuch aawazon ne haath badhaaya tha
tumhe chune ko,
teri aankhon ki berukhi mein
suna hai
kuch lamhe jam gaye"

"जब मिलेगा तुम्हें मेरा ख़त,
एक ख़ाली लिफ़ाफ़े में,
तब समझोगे तुम,
बिना ज़ख़्म का दर्द क्या होता है।"

<hr>

"Jab milega tumhe mera khat,
Ek khaali lifaafe mein,
Tab samjhoge tum,
Bina zakhm ka dard kya hota hai"

"लौट आयी है मेरी आवाज़ वापिस
बग़ैर तुम तक पहुँचे हुए,
देखो अब मेरी क़ब्र पर कुछ
सन्नाटे बिछे हैं।"

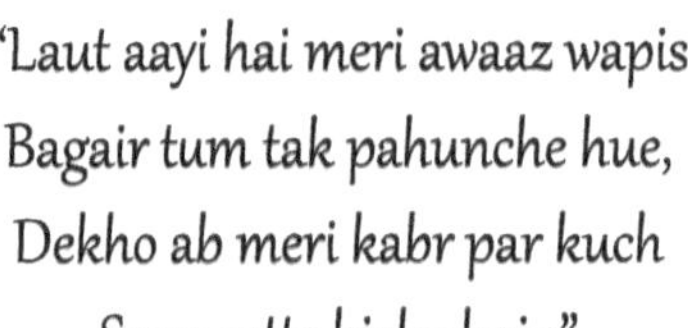

"Laut aayi hai meri awaaz wapis
Bagair tum tak pahunche hue,
Dekho ab meri kabr par kuch
Sannaatte biche hain"

"बेरूखियाँ"
सुनते थे दूरियाँ बढ़ा देती हैं,
तेरी बेरुख़ी ने तो मगर,
तुझे मुझमें बसा दिया।"

❖

"Berukhiyaan,
Sunte the dooriyaan badha deti hain,
Teri berukhi ne to magar,
Tujhe mujhme basa diya"

"थक गया हूँ बहुत, प्यार को प्यार कहते कहते,
"नाम" मिलते हैं बहुत यहाँ,
दुनिया को सुनाने को,
जीने को मगर,
नाम से आगे का ज़हान नहीं मिलता।"

"Thak gaya hun bahut, pyaar ko pyaar kehte kehte,
Naam milte hain bahut yahaan,
Duniyaa ko sunane ko,
Jeene ko magar,
Naam se aage ka jahaan nahin milta"

"कुछ लफ़्ज़ बहुत छोटे होते हैं मगर,
बहुत कुछ सुन लेते हैं , कह जाते हैं,
तीलियाँ कितनी भी सील जाएँ मगर,
चिंगारी पास आते ही सुलग जाती हैं।"

—◆◆—

"Kuch lafz bahut chote hote hain magar,
Bahut kuch sun lete hain, keh jaate hain,
Teeliyaan kitni bhi seel jaayein magar,
Chingaari paas aate hi sulagh jaati hain"

"शायद एक पन्ना अभी बाक़ी है,
थक गयीं हैं उँगलियाँ मगर,
कुछ लिखना अभी बाक़ी है,
इंतज़ार करना मेरा,
मैं लौट के आऊँगा,
दर्द की क़लम में,
कुछ और स्याही भरना अभी बाक़ी है,
मेरी किताब का
एक पन्ना अभी बाक़ी है"

◆◆

"Shaayad ek panna abhi baki hai,
Thak gai hain ungaliyaan magar,
Kuch likhna abhi baaki hai,
Intezaar karna mera,
Main laut ke aaunga,
Dard ki kalam mein,
Kuch aur shyaahi bharna abhi baaki hai,
Meri kitaab ka
Ek panna abhi baaki hai"

"जिन बातों के कान और मुँह होते हैं,
वो अक्सर अपनी मंज़िलों से भटक जाती हैं"

"Jin baaton ke kaan aur munh hote hain,
Wo aksr apni manzilon se bhatak jaati hain"

"फ़टी हुई एक चादर ओढ़,
फिरता है मन ये बावरा,
यहाँ वहाँ बटोरे सिक्के यादों के,
और बोले ये है मेरा "कारवाँ"।"

◆◇◆

"Fati hui ek chaadar odh,
Firta hai man ye bawara,
Yahaan wahaan batore sikke yadoon ke,
Aur bole ye hai mera "karwaan"."

"आज की सुबह कुछ ख़ुशनुमा सी है
कम्बख़्त
ज़िंदगी की आदत
मगर बेवफ़ा सी है"

"Aaj ki subah kuch khushnuma si hai,
Kambakht
Jindagi ki aadat
Magar bewafa si hai"

"जो हो के भी ना हो
कुछ ऐसा ही वक़्त गुज़रा है
मेरी उम्र तेरी उम्र के बीच
ये बेरुख़ी का लम्हा
दिल की चौखट
खरोंच के गुज़रा है"

◆◆◆

"Jo ho ke bhi na ho
Kuch aisa hi waqt gujra hai,
Meri umr teri umr ke beech
Ye berukhi ka lamha
Dil ki chaukhat
Kharonch ke gujra hai"

"जाने कब ज़िंदगी से
एक लम्हा चुराया और
क़मीज़ की जेब में डाल लिया,
एक उम्र तक वो लम्हा
दिल के साथ धड़कता रहा,
आज क़लम ने देखो
उस लम्हे को
"याद"
बना दिया है।"

◆◆◆

"Jaane kab zindagi se
Ek lamha churaaya aur
Kameez ki jeb mein daal liya,
Ek umr tak wo lamha
Dil ke saath dhadakta raha,
Aaj kalam ne dekho
Us lamhe ko
"yaad"
Bana diya hai"

"मत बुलाना
शायद अब लौट के आ ना सकूँ,
चाहो तो वहीं लौटना,
जहाँ छोड़ा था मुझे,
मेरी पीठ पर आज भी,
"इंतेज़ार"
लिखा है"

"Mat bulaana
Shaayad main laut ke aa na sakun,
Chaho to wahin lautna,
Jahaan choda tha mujhe,
Meri peeth par aaj bhi,
"intezaar"
Likha hai"

अलगनी पर सूखे कपड़ों में,
कुछ दाग़ नज़र आते हैं,
दिन भर जो ये जलता है सूरज,
उसके आँसूँ शायद यहाँ थम जाते हैं।

"Algani par sookhe kapdon mein,
Kuch daag nazar aate hain,
Din bhar jo ye jalta hai sooraj,
Uske aansu shaayad yahaan tham jaate hain"

"काँच के मर्तबान में
टुकड़ा टुकड़ा यादें,
कुछ जी लीं, कुछ ख़्वाब रहीं,
कुछ अनबोली बातें,
गुज़रे लमहों की धूप दिखा देता हूँ इनको
मैं जाने अनजाने,
सुना था बचपन में कभी कहीं
पुराने अचार को भी फफूँद लग जाती है"

◆◆◆

"Kaanch ke martabaan mein
Tukda tukda yaadein
Kuch jee lin, kuch khwaab rahin,
Kuch anboli baatein,
Gujre lamhon kid hoop dikha deta hun inko
Main jaane anjaane
Suna tha bachpan mein kabhi kahin
Puraane achaar ko bhi fafoond lag jaati hai"

"चन्द लिफ़ाफ़े काग़ाज़ के,
कुछ तेल के दाग़,
बचे हुए कुछ को टटोलती उँगलियाँ,
अजीब है ये दिल
हर बार नए जज़्बात के साथ बिकता है
फिर
बारिश के पानी की नाव बन
बह निकलता है।"

"Chund lifaafe kaagaz ke,
Kuch tel ke daag,
Bache hue kuch ko tatolti ungaliyaan,
Ajeeb hai ye dil
Har baar naye jazbaat ke saath bikta hai,
Fir
Bearish ke paani ki naav ban
Beh nikalta hai"

"ख़ाली कनस्तर सा चाँद,
रात भर ज़हन की दरारों में भटकता रहा
रिसती हुई चाँदनी सुना है
रात भर एक उधड़ा हुआ खेस बिनती रही।"

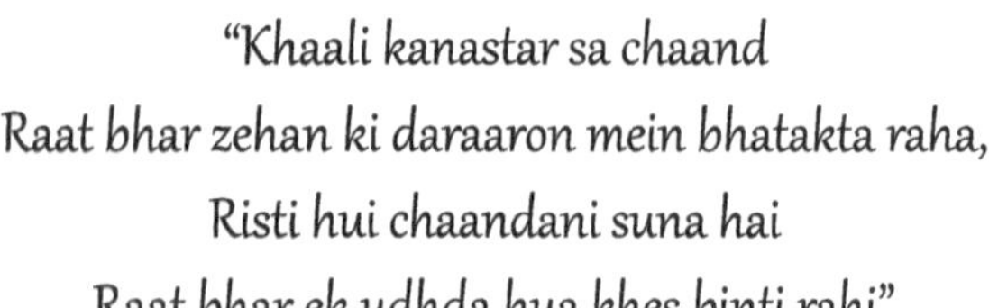

"Khaali kanastar sa chaand
Raat bhar zehan ki daraaron mein bhatakta raha,
Risti hui chaandani suna hai
Raat bhar ek udhda hua khes binti rahi"

"अधिकार...
तुम्हारा मुझ पर...
जैसे ज़मीन पे पड़े बर्फ के टुकड़े का...
धीरे धीरे पिघल कर...
उसपे बहते जाना..."

"Adhikaar...
tumhaara mujh par...
jaise zameen par pade barf ke tukde ka...
dheere dheere pighal kar...
uspe behte jaana..."

"उसकी आँखों की पुतलियाँ
कुछ अजीब सी है
कुछ सपनों की लीरें हैं
जो उसपे फैली रहती हैं।"

◆◆

"Uski aankon ki putliyan
Kuch azeeb si hain,
Kuch sapanon ki lakeerein hain
Jo uspe faili rehti hain."

"फटे हुए नोट...
बदल लाया हूँ बैंक से...
फटे हुए रिश्तों को...
जाने क्यूँ बदलने की हिम्मत नहीं पड़ती..."

◆

"Fate hue note...
Badal laya hun bank se...
Fate hue rishton ko...
Jaane kyun badalne ki haimmat nahin padti..."

"वक्त के पत्थर पर,
आज भी कुछ खरोंचें दिखाई देती हैं।
देखना क्या तुम्हारे नाखूनों में,
कुछ अधूरी बातें आज भी सांस लेती हैं।"

◆

"Waqt ke patthar par
Aaj bhi kuch kharonche dikhai deti hain,
Dekhna kya tumhare naakhoonon mein,
Kuch adhoori baatein aaj bhi saans leti hain."

"मुझसे मेरी उदासी मांग बैठे है लोग,
सुना है मेरी मुस्कुराहटों से उन्हें बड़ी
तकलीफ होती है।"

"Mujhse meri udasi maang baithe hain log,
Suna hai meri muskuraahaton se unhe
badi takleef hoti hai."

"यूंही नहीं याद आता
कोई रूठ के चला जाने वाला,
लोगों ने अक्सर उसको भी
बारिश में काला चश्मा लगाए देखा है।"

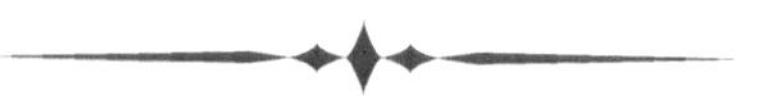

"Unhi nahin yaad aata
Koi rooth ke chala jaane waala
Logon ne aksar usko bhi
Baarish mein kala chashma lagaye dekha hai."

"बातों की कुछ तितलियां अब भी
मुझे अक्सर छू के चली जाती हैं।
देखता हूं सूखे हुए फूल अब तो
लगता है इन्हे भी तो कुछ तितलियां
याद आती होंगी।"

◆◆◆

"Baaton ki kuch titliyaan ab bhi
Mujhe aksar chu kar chali jaati hain,
Dekta hun sukhe hue fhool ab to
Lagta hai inhe bhi to kuch titliyan
Yaad aati hongi."

www.ingramcontent.com/pod-product-compliance
Lightning Source LLC
Chambersburg PA
CBHW031632170726
47990CB00017B/651